Impressum
Verlag: BABADADA GmbH, Nedderfeld 112 , 22529 Hamburg
Geschäftsführer / Verlagsleitung: Harald Hof
Druck: Books on Demand GmbH, In de Tarpen 42, 22848 Norderstedt

Imprint
Publisher: BABADADA GmbH, Nedderfeld 112 , 22529 Hamburg, Germany
Managing Director / Publishing direction: Harald Hof
Print: Books on Demand GmbH, In de Tarpen 42, 22848 Norderstedt, Germany

学校

škola

割り算
dijeliti

教室
učionica

黒板
ploča

校庭
školsko dvorište

教師
učitelj

紙
papir

書く
pisati

ペン
kemijska olovka

事務机
pisaći stol

定規
ravnalo

本
knjiga

生徒
učenik

186/2

ランドセル

torba

筆入れ

pernica

鉛筆

grafitna olovka

鉛筆削り

šiljilo za olovke

消しゴム

gumica za brisanje

スケッチブック

blok za crtanje

スケッチ

crtež

絵筆

kist

絵の具箱

kutija s bojama

はさみ

makaze

接着剤

ljepilo

練習帳

bilježnica

宿題

domaći zadatak

12

数

broj

2+2

足し算

sabirati

5-2

引き算

oduzimati

2×2

かけ算

množiti

計算する

računati

A

文字

slovo

ABCDEFG
HIJKLMN
OPQRSTU
VWXYZ

アルファベット

abeceda

hello

単語

riječ

テキスト

tekst

読む

čitati

チョーク

kreda

授業

sat

学級日誌

dnevnik

試験

ispit

通知表

svjedodžba

制服

školska uniforma

教育

obrazovanje

百科事典

leksikon

大学

sveučilište

顕微鏡

mikroskop

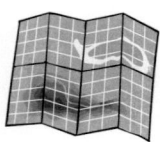

地図

karta

ごみ箱

košara za papir

旅行

putovanje

ホテル
hotel
Grand
ホステル
prenoćište
ROOMS
両替所
mjenjačnica
EXCHANGE
スーツケース
kofer
自動車
auto

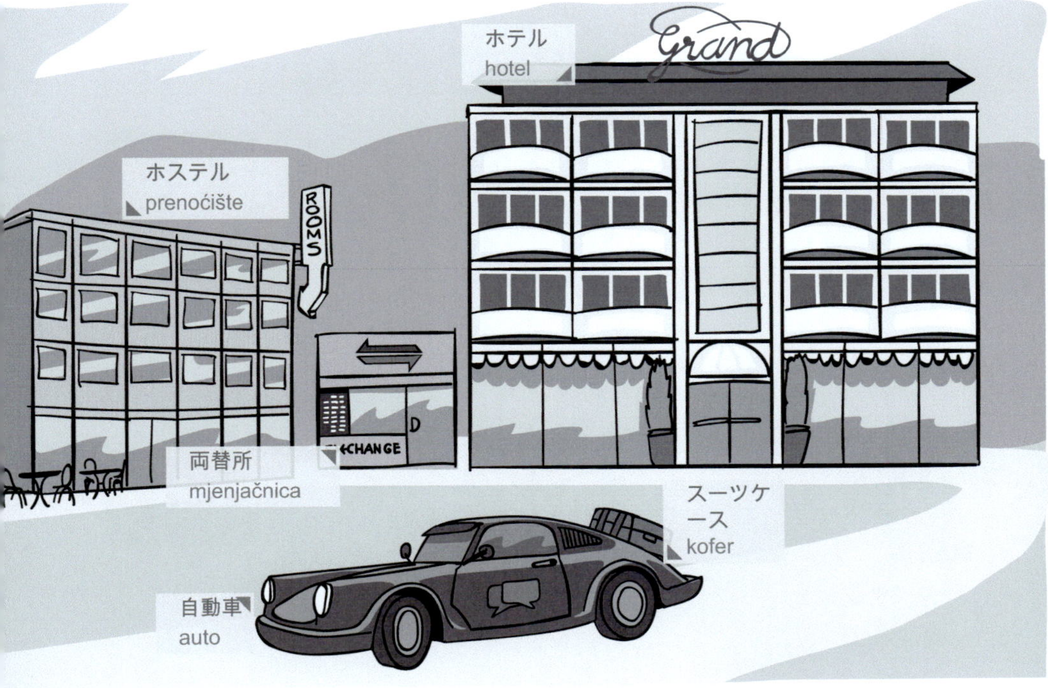

言語

jezik

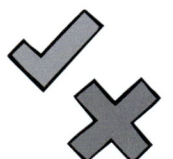

はい / いいえ

da / ne

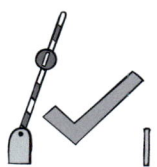

問題ない

okay

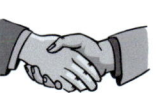

ハロー

zdravo

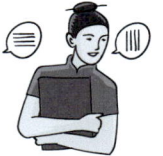

翻訳者

prevoditelj

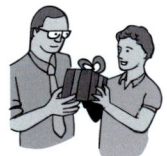

ありがとう

hvala

…はいくらですか？

Koliko košta...?

わかりません

ne razumijem

問題

problem

こんばんは！

dobro veče!

おはようございます！

Dobro jutro!

おやすみなさい！

Laku noć!

さようなら

doviđenja

方向

smjer

手荷物

prtljaga

バッグ

torba

リュックサック

ruksak

お客様

gost

部屋

soba

寝袋

vreća za spavanje

テント

šator

旅行者情報

turističke informacije

ビーチ

plaža

クレジットカード

kreditna kartica

朝食

doručak

昼食

ručak

夕食

večera

チケット

karta za vožnju

エレベーター

dizalo

スタンプ

poštanska markica

境界

granica

税関

carina

大使館

ambasada

ビザ

viza

パスポート

putovnica

輸送

transport

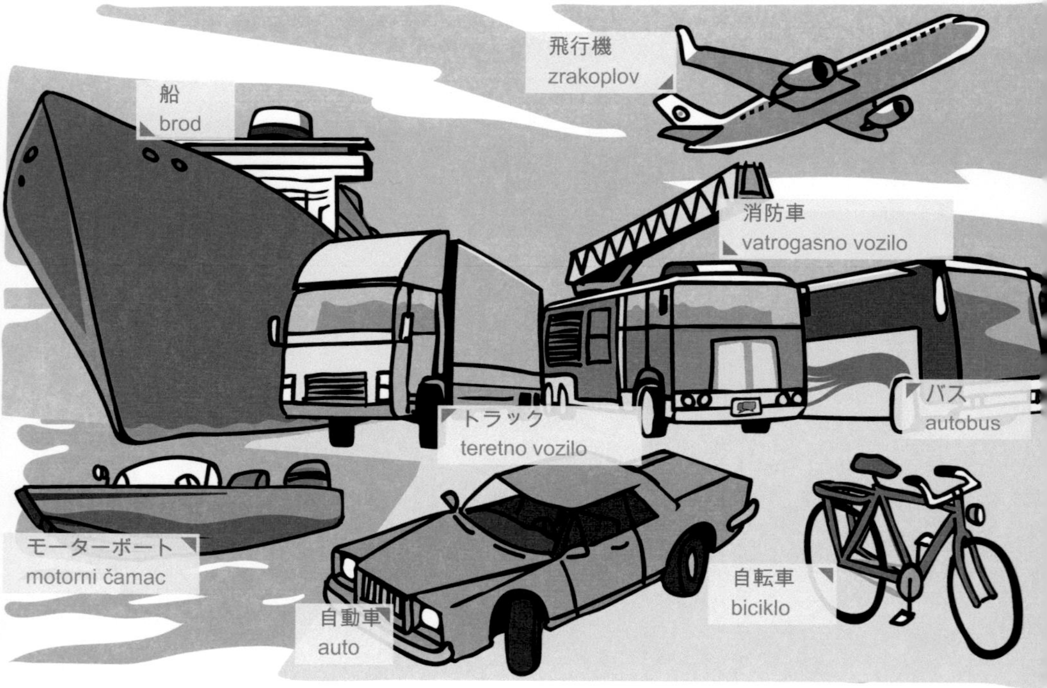

飛行機
zrakoplov
船
brod
消防車
vatrogasno vozilo
トラック
teretno vozilo
バス
autobus
モーターボート
motorni čamac
自動車
auto
自転車
biciklo

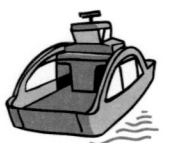

フェリー

trajekt

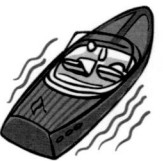

ボート

čamac

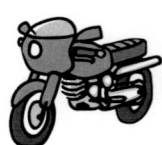

バイク

motocikl

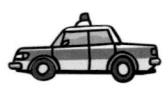

パトカー

policijski auto

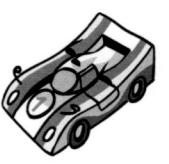

レーシングカー

trkaći auto

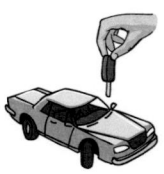

レンタカー

iznajmljeno auto

カーシェアリング

dijeljenje automobila

レッカー車

vučno vozilo

ごみ収集車

vozilo za odvoz smeća

モーター

motor

燃料

benzin

ガソリンスタンド

benzinska postaja

交通標識

prometni znak

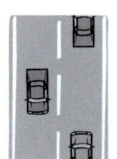

交通

promet

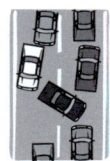

渋滞

zastoj

駐車場

parkiralište

駅

kolodvor

道

šine

列車

vlak

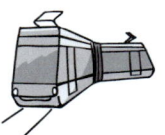

路面電車

tramvaj

車両

vagon

ヘリコプター

helikopter

空港

zrakoplovna luka

タワー

toranj

乗客

putnik

コンテナ

kontejner

段ボール箱

karton

カート

kolica

カゴ

košara

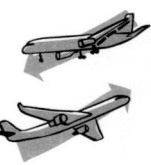

離陸 / 着陸

uzletjeti / sletjeti

都市

grad

村

selo

都心

centar grada

家

kuća

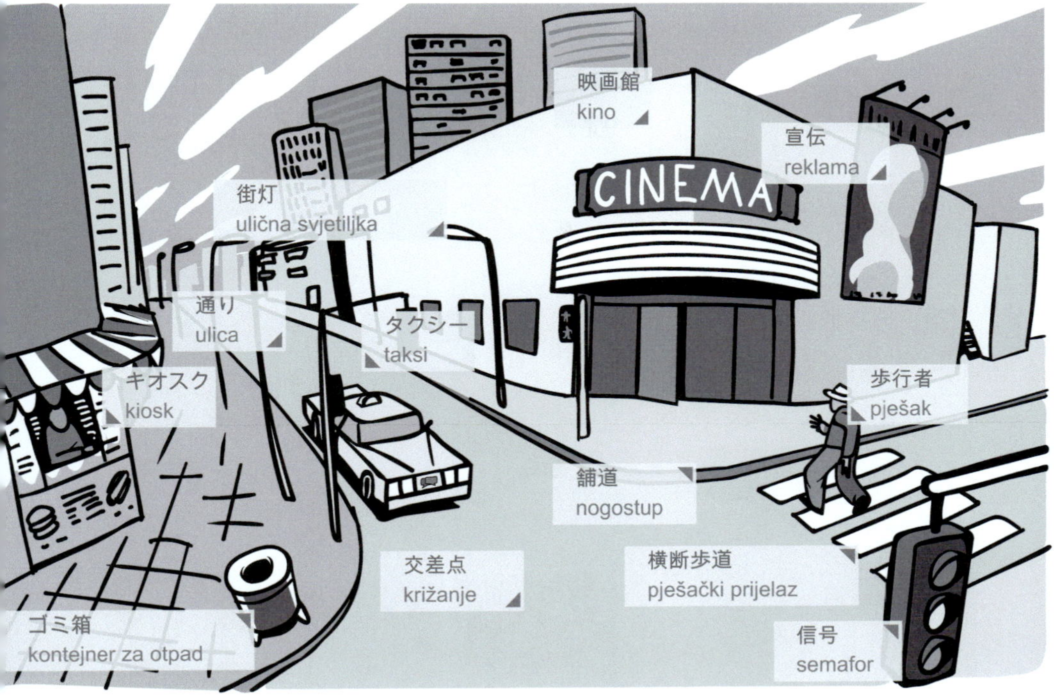

映画館
kino
宣伝
reklama
CINEMA
街灯
ulična svjetiljka
通り
ulica
タクシー
taksi
キオスク
kiosk
歩行者
pješak
舗道
nogostup
交差点
križanje
横断歩道
pješački prijelaz
ゴミ箱
kontejner za otpad
信号
semafor

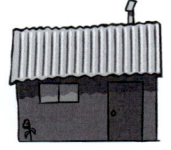

小屋

koliba

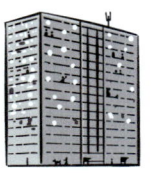

アパート

stan

駅

kolodvor

市役所

vijećnica

MUSEUM

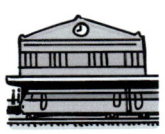

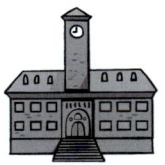

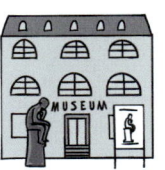

美術館

muzej

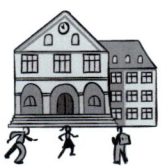

学校

škola

大学

sveučilište

銀行

banka

病院

bolnica

ホテル

hotel

薬局

ljekarna

オフィス

ured

書店

knjižara

ショップ

prodavaonica

花屋

cvjećara

スーパーマーケット

supermarket

市場

trg

デパート

robna kuća

魚屋

ribarnica

ショッピングセンター

trgovački centar

港

luka

公園

park

ベンチ

klupa

橋

most

階段

stepenice

地下鉄

podzemna željeznica

トンネル

tunel

バス停

autobusna stanica

バー

bar

レストラン

restoran

ポスト

poštansko sanduče

道路標識

ulični znak

パーキングメーター

parkirni sat

動物園

zoološki vrt

スイミングプール

bazen

モスク

džamija

農場

seosko gazdinstvo

汚染

zagađenje okoliša

墓地

groblje

教会

crkva

遊び場

igralište

寺

hram

風景
krajolik

葉
list

道標
putokaz

道
put

草地
livada

石
kamen

木
drvo

ハイカー
šetač

川
rijeka

草
trava

花
cvijet

谷

dolina

山

planina

湖

jezero

森

šuma

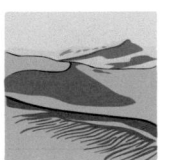

砂漠

pustinja

火山

vulkan

城

dvorac

虹

duga

キノコ

gljiva

ヤシの木

palma

蚊

moskito

ハエ

muha

蟻

mrav

ミツバチ

pčela

クモ

pauk

カブトムシ

buba

蛙

žaba

リス

vjeverica

ハリネズミ

jež

ウサギ

zec

フクロウ

sova

鳥

ptica

白鳥

labud

雄豚

divlja svinja

鹿

jelen

ヘラジカ

los

ダム

nasip

風力タービン

vjetrenjača

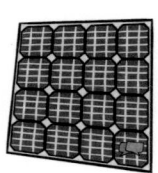

ソーラーパネル

solarna ploča

気候

klima

レストラン

restoran

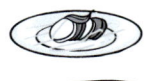

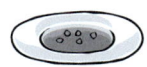

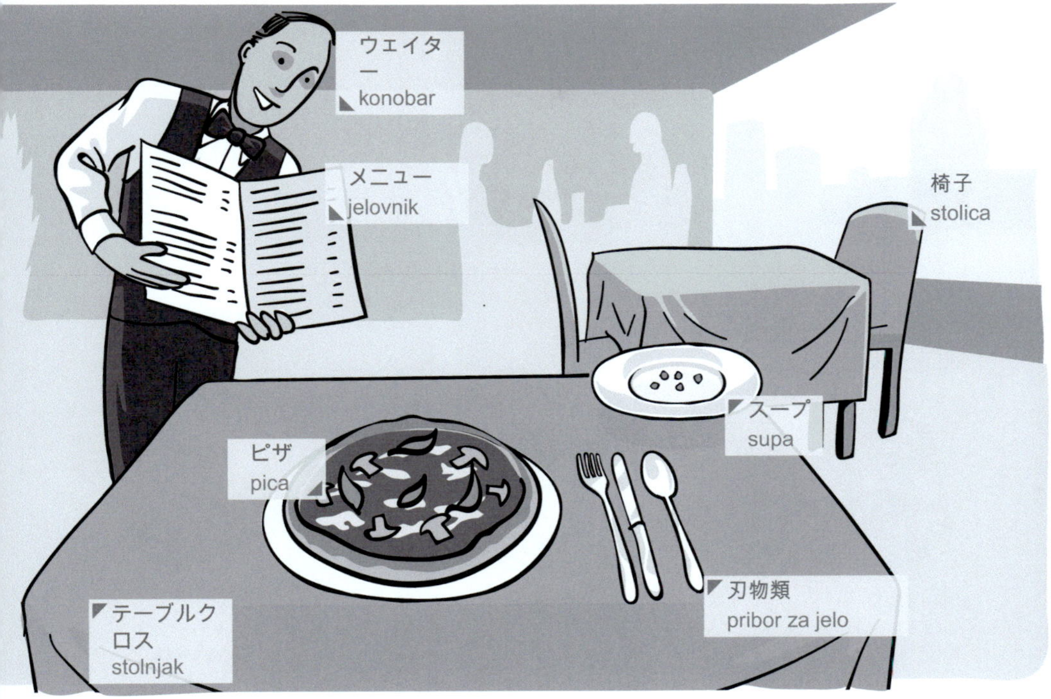

ウェイター
konobar
メニュー
jelovnik
椅子
stolica
スープ
supa
ピザ
pica
刃物類
pribor za jelo
テーブルクロス
stolnjak

前菜

predjelo

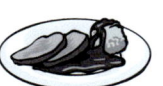

メインコース

glavno jelo

デザート

desert

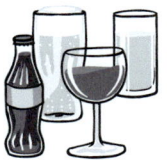

飲み物

napitci

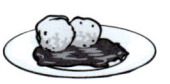

食べ物

jelo

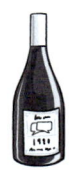

ボトル

boca

ファストフード

fastfood

屋台の食べ物

imbis hrana

ティーポット

čajnik

砂糖入れ

doza za šećer

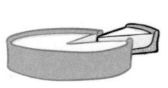

一人前

porcija

エスプレッソマシン

aparat za espresso

幼児用食事椅子

visoka stolica

請求書

račun

トレー

pladanj

ナイフ

nož

フォーク

vilica

スプーン

žlica

ティースプーン

čajna žlica

ナプキン

ubrus

グラス

čaša

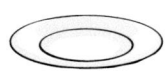

皿

tanjur

スープ皿

tanjur za supu

受け皿

tanjurić

ソース

sos

塩入れ

soljenka

ペッパーミル

mlin za biber

酢

ocat

油

ulje

スパイス

začini

ケチャップ

kečap

マスタード

senf

マヨネーズ

majoneza

スーパーマーケット

supermarket

特価品
ponuda
FOR
顧客
kupac
乳製品
mliječni proizvodi
果物
voće
ショッピング・カート
kolica za kupnju

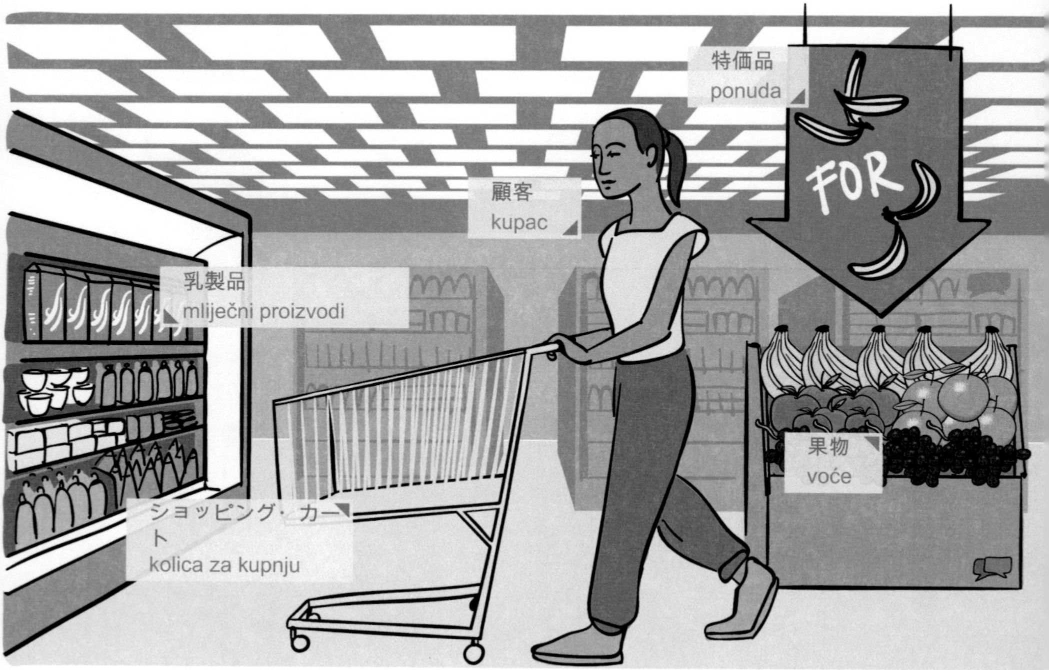

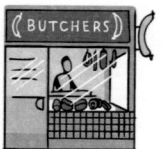

BUTCHERS

肉屋

mesnica

BAKERY

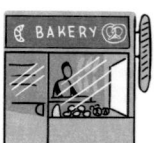

パン屋

pekarnica

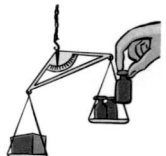

重さをはかる

vagati

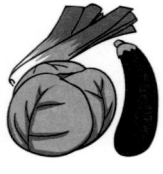

野菜

povrće

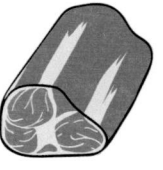

肉

meso

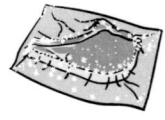

冷凍食品

duboko smrznuta hrana

冷肉の薄切り

narezak

缶詰食品

konzerve

洗剤

sredstvo za pranje

菓子

slatkiši

家庭用品

artikli za domaćinstvo

清掃用品

sredstva za čišćenje

販売員

prodavačica

現金箱

blagajna

レジ係

blagajnik

買い物リスト

lista za kupnju

開館時刻

vrijeme rada

財布

novčanik

クレジットカード

kreditna kartica

バッグ

torba

ポリ袋

plastična vrećica

スーパーマーケット - supermarket

水
....
voda

ジュース
....
sok

牛乳
....
mlijeko

コーラ
....
cola

ワイン
....
vino

ビール
....
pivo

アルコール
....
alkohol

ココア
....
kakao

紅茶
....
čaj

コーヒー
....
kava

エスプレッソ
....
espresso

カプチーノ
....
cappuccino

バナナ

banana

リンゴ

jabuka

オレンジ

naranča

メロン

lubenica

レモン

limun

ニンジン

mrkva

ニンニク

češnjak

竹

bambus

玉ねぎ

luk

キノコ

gljiva

ナッツ

orašasti plodovi

ヌードル

rezanci

スパゲッティ

špagete

米

riža

サラダ

salata

フライドポテト

pomfrit

フライドポテト

pečeni krumpir

ピザ

pica

ハンバーガー

hamburger

サンドウィッチ

sendvič

カツレツ

šnicla

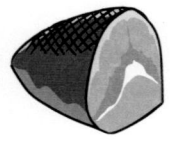

ハム

pršut

サラミ

salama

ソーセージ

kobasica

鶏肉

kokoš

焼き

pečenje

魚

riba

麦のお粥

zobene pahuljice

ムーズリ

musli

コーンフレーク

kukuruzne pahuljice

小麦粉

brašno

クロワッサン

roščić

ロールパン

pecivo

パン

kruh

トースト

toast

ビスケット

keksi

バター

maslac

カッテージチーズ

svježi sir

ケーキ

kolač

卵

jaje

目玉焼き

jaje na oko

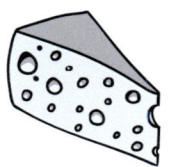

チーズ

sir

アイスクリーム

sladoled

砂糖

šećer

はちみつ

med

ジャム

marmelada

ヌガークリーム

nugat krema

カレー

curry

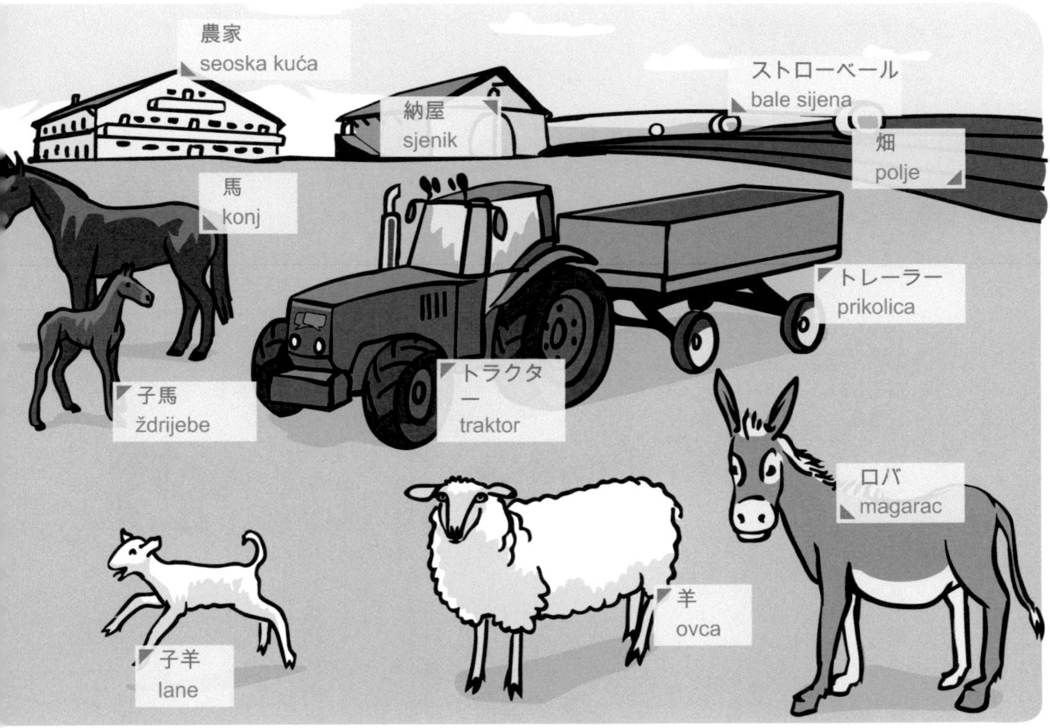

農家
seoska kuća

納屋
sjenik

ストローベール
bale sijena

畑
polje

馬
konj

トレーラー
prikolica

子馬
ždrijebe

トラクター
traktor

ロバ
magarac

子羊
lane

羊
ovca

ヤギ
koza

雌牛
krava

子牛
tele

豚
svinja

子豚
prase

雄牛
bik

ガチョウ

guska

アヒル

patka

ひよこ

pilići

にわとり

kokoš

おんどり

pijetao

ネズミ

pacov

猫

mačka

ねずみ

miš

雄牛

vol

犬

pas

犬小屋

kućica za psa

散水ホース

vrtno crijevo

じょうろ

kanta za polijevanje

大鎌

kosa

すき

plug

草刈り鎌

srp

くわ

motika

堆肥用フォーク

vilica za gnojivo

斧

sjekira

手押し車

tačke

かいばおけ

korito

牛乳缶

posuda za mlijeko

袋

vreća

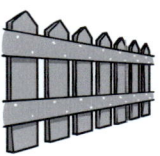

フェンス

ograda

畜舎

štala

温室

staklenik

土壌

zemlja

種

sjeme

肥料

gnojivo

コンバイン

kombajn

収穫する

žanjati

収穫

žetva

ヤマイモ

yams začin

小麦

pšenica

大豆

soja

じゃがいも

krumpir

トウモロコシ

kukuruz

菜種

uljana repica

果樹

voćka

キャッサバ

gomolj manioke

穀物

žitarice

煙突
dimnjak

屋根
krov

排水管
žlijeb

窓
prozor

車庫
garaža

呼び鈴
zvono

ドア
vrata

ゴミ箱
korpa za otpad

郵便受け
poštansko sanduče

庭
vrt

リビングルーム

dnevna soba

浴室

kupaonica

台所

kuhinja

寝室

spavaća soba

子供部屋

dječija soba

ダイニング・ルーム

trpezarija

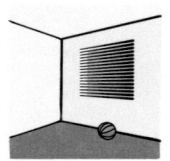

床
pod

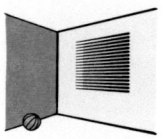

壁
zid

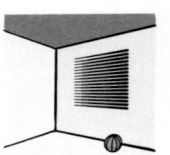

天井
strop

地下貯蔵庫
podrum

サウナ
sauna

バルコニー
balkon

テラス
terasa

プール
bazen

芝刈り機
kosilica za travu

シーツ
posteljina za krevet

ベッドカバー
deka za krevet

ベッド
krevet

ほうき
metla

バケツ
kanta

スイッチ
sklopka

リビングルーム
dnevna soba

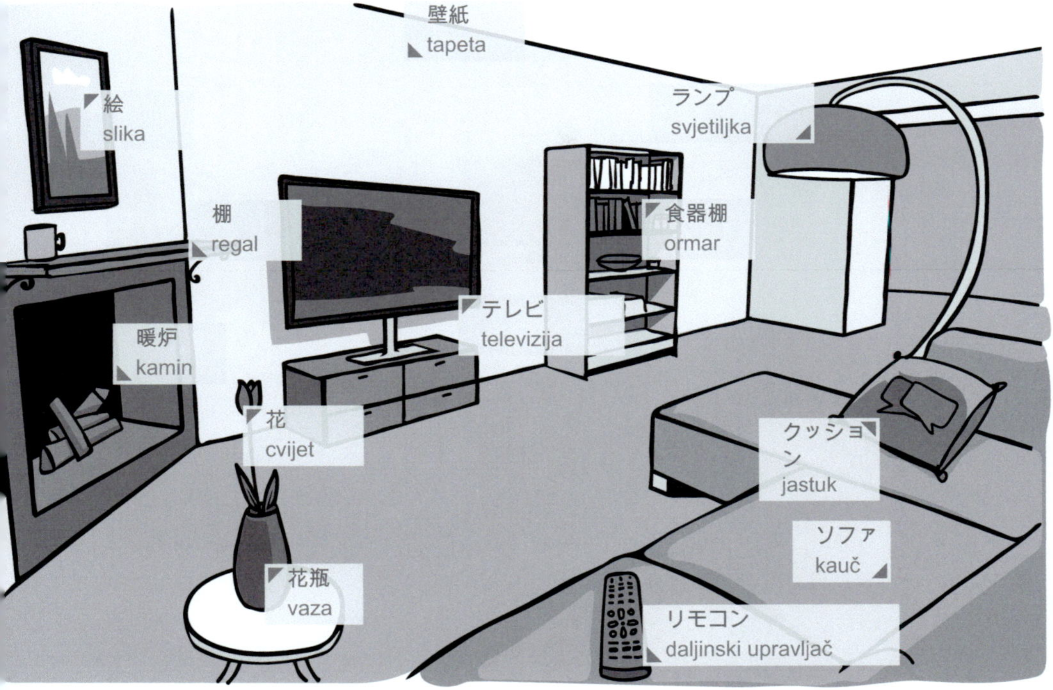
壁紙
tapeta
絵
slika
ランプ
svjetiljka
棚
regal
食器棚
ormar
テレビ
televizija
暖炉
kamin
花
cvijet
クッション
jastuk
ソファ
kauč
花瓶
vaza
リモコン
daljinski upravljač

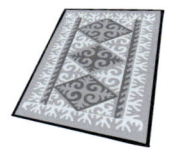

カーペット

tepih

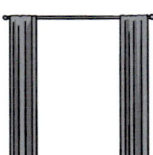

カーテン

zavjesa

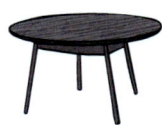

テーブル

stol

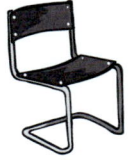

椅子

stolica

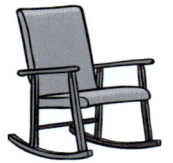

ロッキングチェア

stolica za njihanje

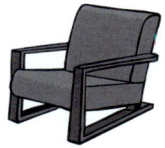

ひじ掛け椅子

fotelja

本

knjiga

毛布

deka

飾り

dekoracija

たきぎ

drvo za ogrjev

映画

film

ステレオ

stereo uređaj

鍵

ključ

新聞

novine

絵画

slika na platnu

ポスター

poster

ラジオ

radio

メモ帳

blok za pisanje

掃除機

usisavač

サボテン

kaktus

ろうそく

svijeća

台所
kuhinja

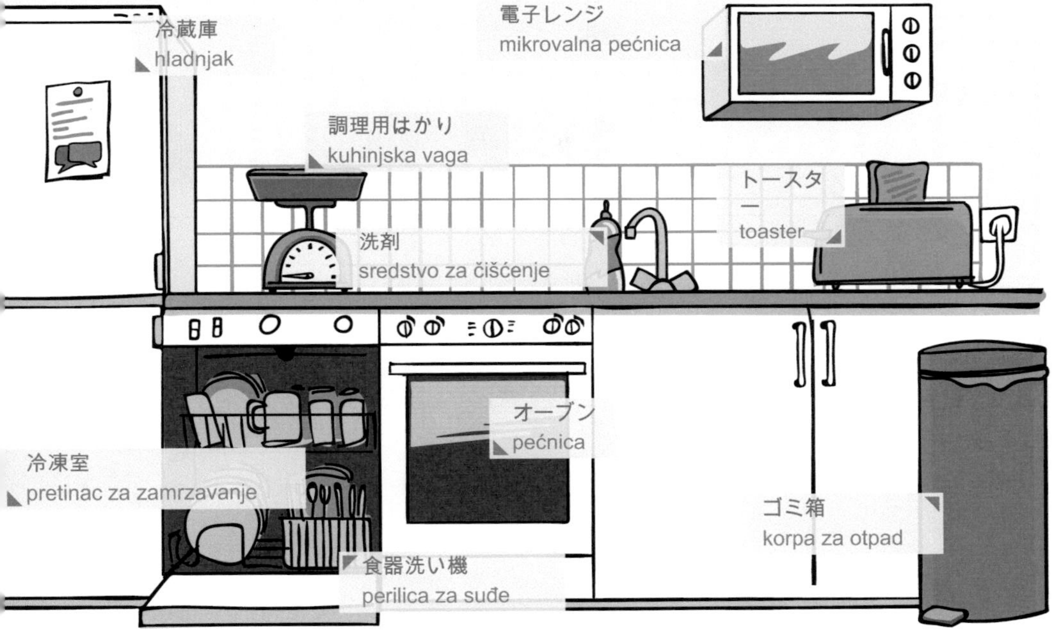

冷蔵庫
hladnjak
電子レンジ
mikrovalna pećnica
調理用はかり
kuhinjska vaga
トースタ
—
toaster
洗剤
sredstvo za čišćenje
オーブン
pećnica
冷凍室
pretinac za zamrzavanje
ゴミ箱
korpa za otpad
食器洗い機
perilica za suđe

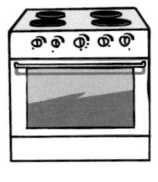

こんろ
štednjak

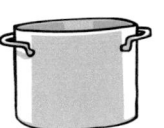

鍋
lonac

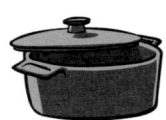

鉄鍋
željezni lonac

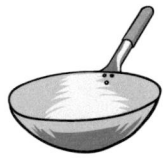

中華鍋/ カダイ鍋
wok / kadai

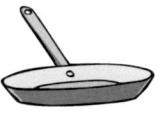

フライパン
tava

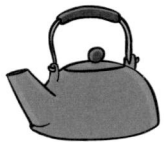

やかん
kuhalo za vodu

蒸し器

kuhalo na paru

天板

lim za pečenje

食器

posuđe

マグカップ

čaša

ボウル

zdjela

箸

štapići za jelo

おたま

kutljača

へら

lopatica

泡立て器

pjenjača

こし器

sito za kuhanje

ふるい

sito

すりおろし器

ribež

すり鉢

mužar

バーベキュー

roštilj

かまど

ognjište

まな板

daska

麺棒

oklagija

栓抜き

vadičep

缶

konzerva

缶切り

otvarač konzervi

鍋つかみ

krpa za lonac

流し

sudoper

ブラシ

četka

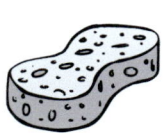

スポンジ

spužva

ミキサー

mikser

冷凍庫

zamrzivač

哺乳瓶

bočica za bebe

蛇口

slavina za vodu

浴室

kupaonica

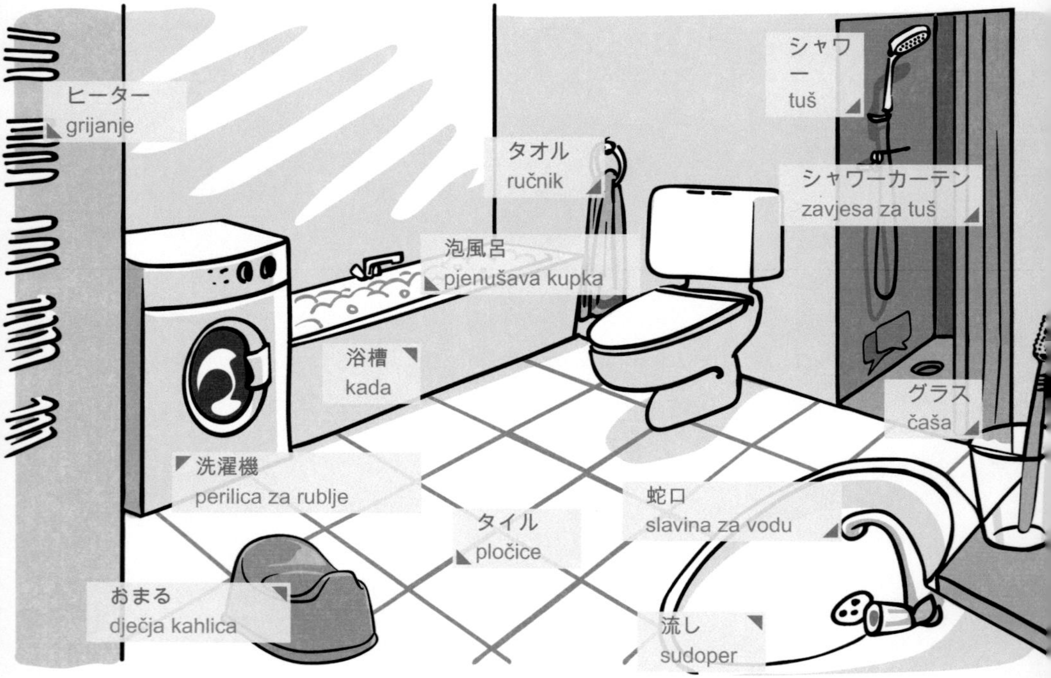

ヒーター
grijanje
タオル
ručnik
シャワー
tuš
シャワーカーテン
zavjesa za tuš
泡風呂
pjenušava kupka
浴槽
kada
グラス
čaša
洗濯機
perilica za rublje
蛇口
slavina za vodu
タイル
pločice
おまる
dječja kahlica
流し
sudoper

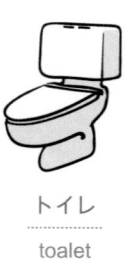

トイレ

toalet

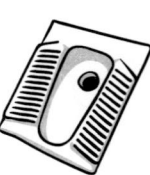

和式トイレ

čučavac

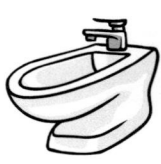

ビデ

bidet

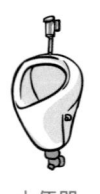

小便器

pisoar

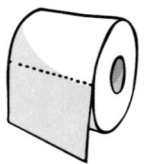

トイレットペーパー

papir za toalet

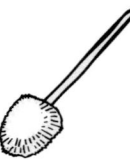

トイレブラシ

četka za toalet

歯ブラシ

četkica za zube

歯みがき

pasta za zube

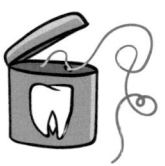

デンタルフロス

konac za zube

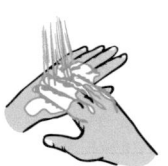

洗う

prati

シャワーヘッド

tuš ručica

ハンドビデ

tuš za pranje intimnih dijelova

洗面台

lavor

ボディブラシ

četka za pranje leđa

石鹸

sapun

シャワー用ジェル

gel za tuširanje

シャンプー

šampon

浴用タオル

krpa za pranje

排水口

odvod

クリーム

krema

消臭

dezodorans

鏡

ogledalo

手鏡

kozmetičko ogledalo

かみそり

brijač

シェービング・フォーム

pjena za brijanje

アフターシェーブローショ
ン

losion za poslije brijanja

櫛

češalj

ブラシ

četka

ドライヤー

sušilo za kosu

ヘアスプレー

sprej za kosu

化粧

makeup

口紅

ruž za usne

マニキュア

lak za nokte

脱脂綿

vata

爪切り

škare za nokte

香水

parfem

洗面用具入れ

neseser

スツール

stolica

体重計

vaga

バスローブ

ogrtač

ゴム手袋

rukavice za čišćenje

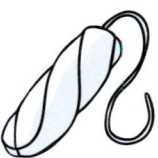

タンポン

tampon

生理用ナプキン

uložak

ケミカルトイレ

kemijski toalet

子供部屋

dječija soba

目覚まし時計
budilnik
ぬいぐるみ
plišana igračka
おもちゃの自動車
auto igračka
がらがら
zvečka
ドール・ハウス
kućica za lutke
プレゼント
poklon

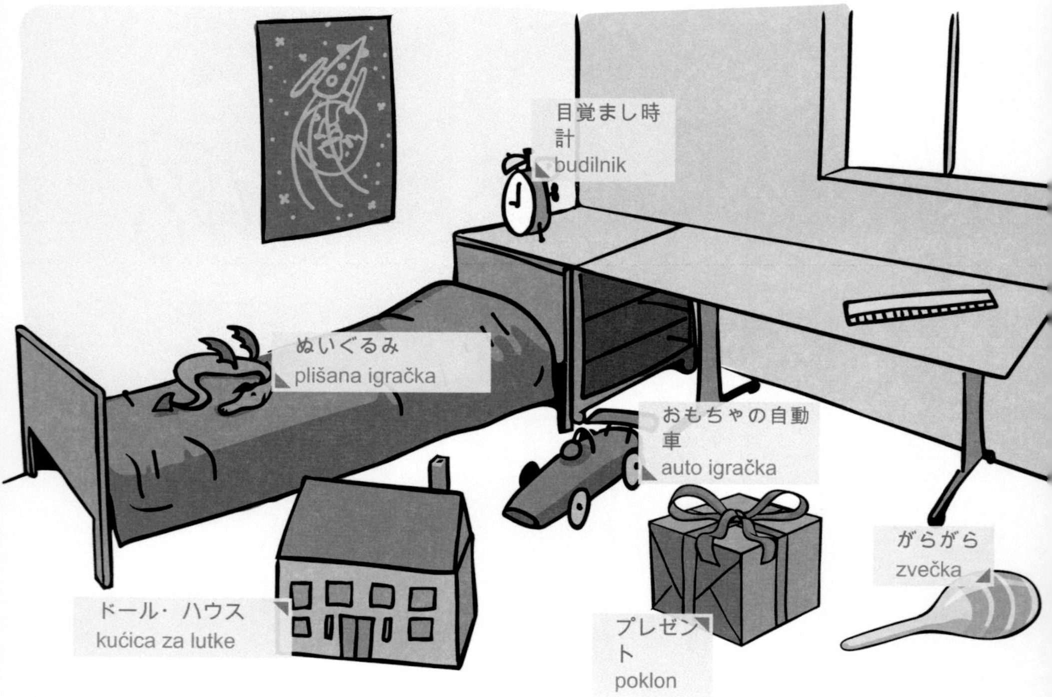

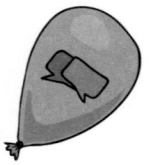

風船

balon

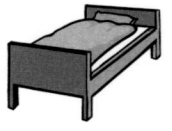

ベッド

krevet

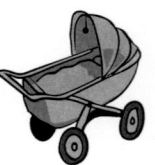

ベビーカー

dječija kolica

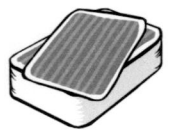

カードゲーム

igra s kartama

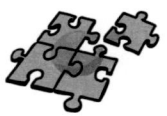

ジグソーパズル

slagalica

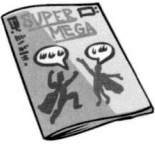

漫画

strip

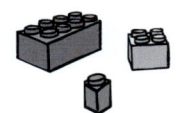

レゴ

lego kockice

玩具ブロック

kockice za slaganje

アクションフィギュア

akcioni junak

ロンパース

kombinezon za bebe

フリスビー

frizbi

モバイル

viseće igračke

ボードゲーム

društvene igre

さいころ

kocka

鉄道模型

minijaturna željeznica

おしゃぶり

duda

パーティー

tulum

絵本

slikovnica

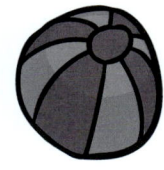

ボール

lopta

人形

lutka

遊ぶ

igrati

砂場

pješčanik

ブランコ

ljuljačka

おもちゃ

igračka

ゲーム機

konzola za igre

三輪車

tricikl

テディベア

plišani medo

衣装ダンス

ormar

衣服

odjeća

靴下

kratke čarape

ストッキング

čarape

タイツ

hulahopke

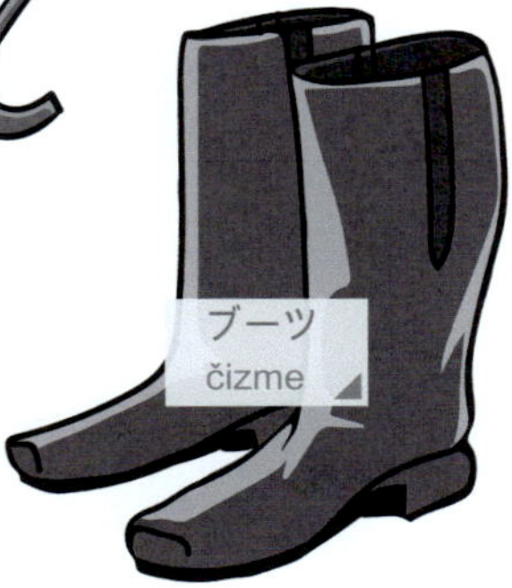

スカーフ
šal

ベルト
kaiš

雨傘
kišobran

Tシャツ
t-shirt

ブーツ
čizme

スリッパ
papuče

スニーカー
patike

サンダル
sandale

靴
cipele

ゴム長靴
gumene čizme

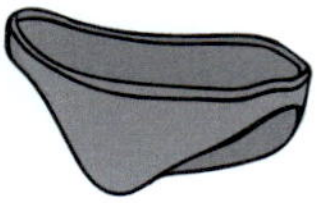

パンツ
gaćice

ブラ
grudnjak

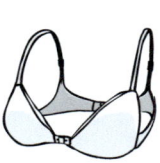

ベスト
potkošulja

衣服 - odjeća

45

ボディースーツ

bodi

ズボン

hlače

ジーンズ

džins

スカート

haljina

ブラウス

bluza

シャツ

košulja

セーター

džemper

パーカー

pulover s kapuljačom

ブレザー

blejzer

ジャケット

jakna

コート

kaput

レインコート

kabanica

服装

kostim

ドレス

haljina

ウエディングドレス

vjenčanica

スーツ

odijelo

ナイトガウン

spavaćica

パジャマ

pidžama

サリー

sari

ヘッドスカーフ

rubac

ターバン

turban

ブルカ

burka

カフタン

kaftan

アバヤ

abaja

水着

kupaći kostim

トランクス

kupaće gaćice

半ズボン

kratke hlače

スウェットスーツ

odjeća za trening

エプロン

pregača

手袋

rukavice

衣服 - odjeća

ボタン

gumb

メガネ

naočale

ブレスレット

narukvica

ネックレス

ogrlica

指輪

prsten

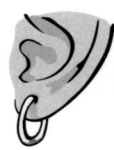

イヤリング

naušnica

帽子

kapa

ハンガー

vješalica

帽子

šešir

ネクタイ

kravata

ファスナー

patent zatvarač

ヘルメット

kaciga

サスペンダー

naramenice

制服

školska uniforma

ユニフォーム

uniforma

よだれかけ

podbradak

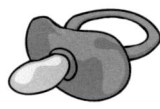

おしゃぶり

duda

おむつ

pelena

オフィス
ured

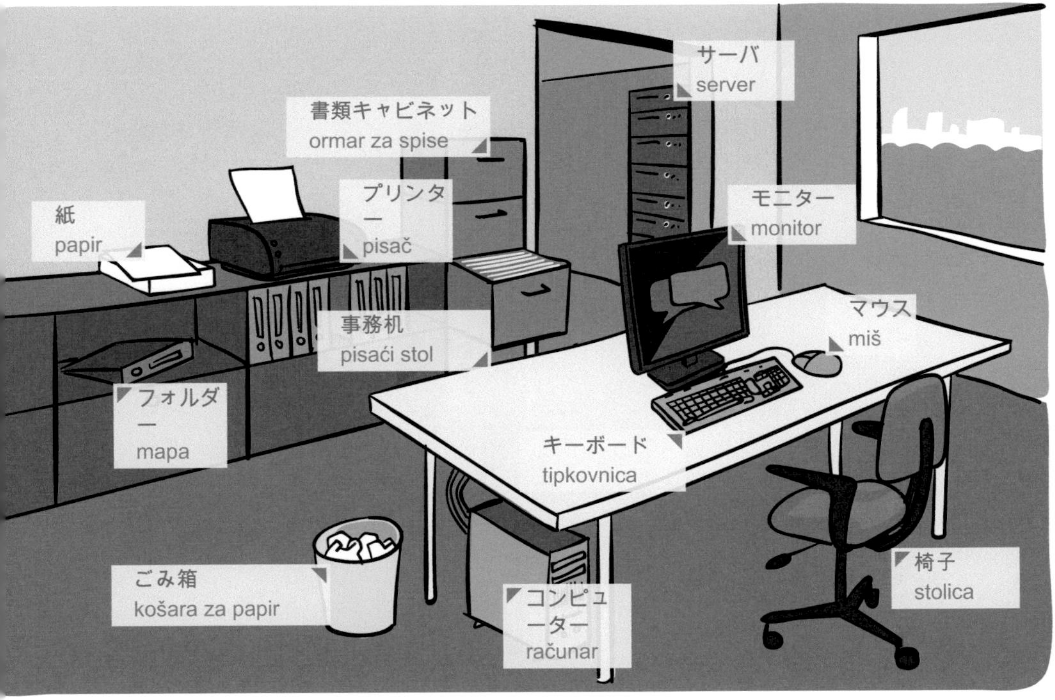

サーバ
server

書類キャビネット
ormar za spise

プリンター
pisač

紙
papir

モニター
monitor

マウス
miš

事務机
pisaći stol

フォルダー
mapa

キーボード
tipkovnica

ごみ箱
košara za papir

コンピューター
računar

椅子
stolica

コーヒーマグ

šalica za kavu

計算機

kalkulator

インターネット

internet

ラップトップ

laptop

手紙

pismo

メッセージ

poruka

携帯電話

mobilni telefon

ネットワーク

mreža

コピー機

uređaj za kopiranje

ソフトウェア

softver

電話

telefon

コンセント

utičnica

ファックス

faks

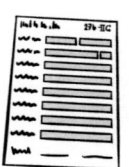

フォーム

obrazac

書類

dokument

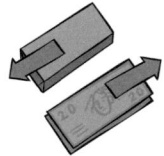

買う

kupovati

支払う

platiti

取引する

trgovati

お金

novac

ドル

dolar

ユーロ

euro

円

jen

ルーブル

rubalj

スイスフラン

švicarski franak

人民元

renmindbi yuan

ルピー

rupija

キャッシュポイント

automat za novac

両替所

mjenjačnica

金

zlato

銀

srebro

油

nafta

エネルギー

energija

価格

cijena

契約

ugovor

税金

porez

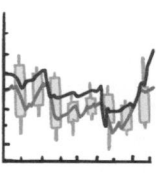

株

dionica

働く

raditi

従業員

službenik

雇用主

poslodavac

工場

tvornica

ショップ

prodavaonica

職業

zanimanja

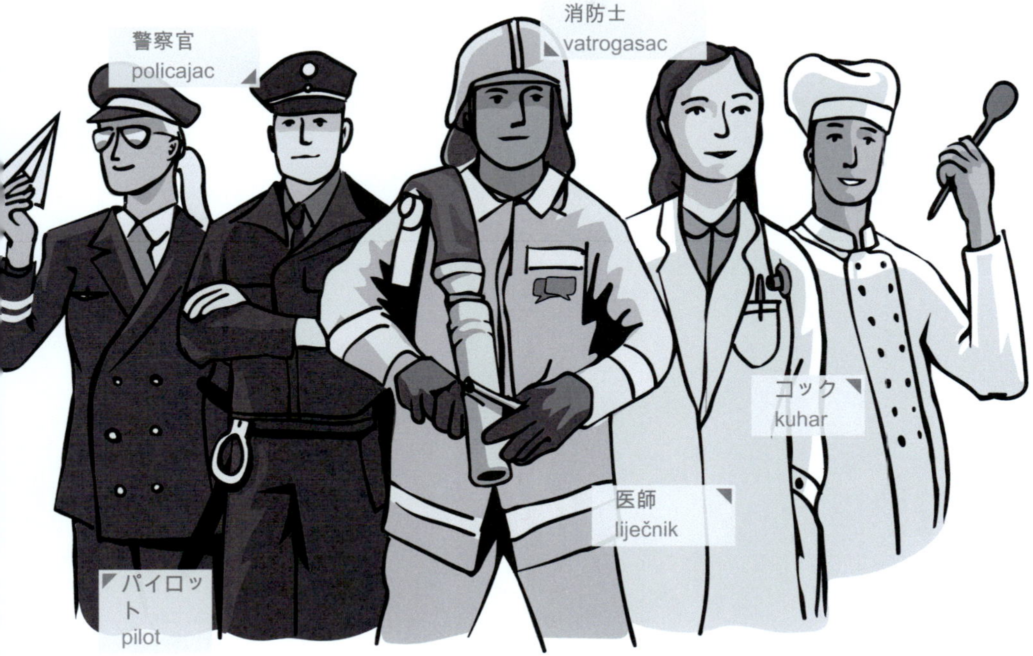
警察官
policajac
消防士
vatrogasac
パイロット
pilot
医師
liječnik
コック
kuhar

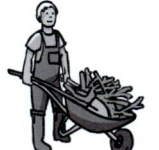

庭師

vrtlar

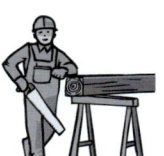

大工

stolar

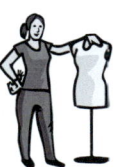

お針子

krojačica

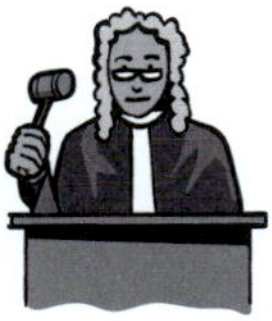

裁判官

sudija

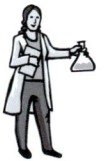

化学者

kemičar

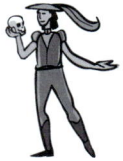

俳優

glumac

バスの運転手

vozač autobusa

タクシー運転手

vozač taksija

漁師

ribar

掃除婦

čistačica

屋根ふき職人

krovopokrivač

ウェイター

konobar

ハンター

lovac

塗装工

slikar

パン屋

pekar

電気工

električar

建設作業員

građevinski radnik

エンジニア

inženjer

肉屋

mesar

配管工

limar

郵便配達人

poštar

軍人

vojnik

建築家

arhitekta

レジ係

blagajnik

花屋

cvjećar

美容師

frizer

車掌

kondukter

機械工

mehaničar

キャプテン

kapetan

歯科医

zubar

科学者

znanstvenik

ラビ

rabi

イスラム導師

imam

修道士

monah

牧師

svećenik

道具
alati

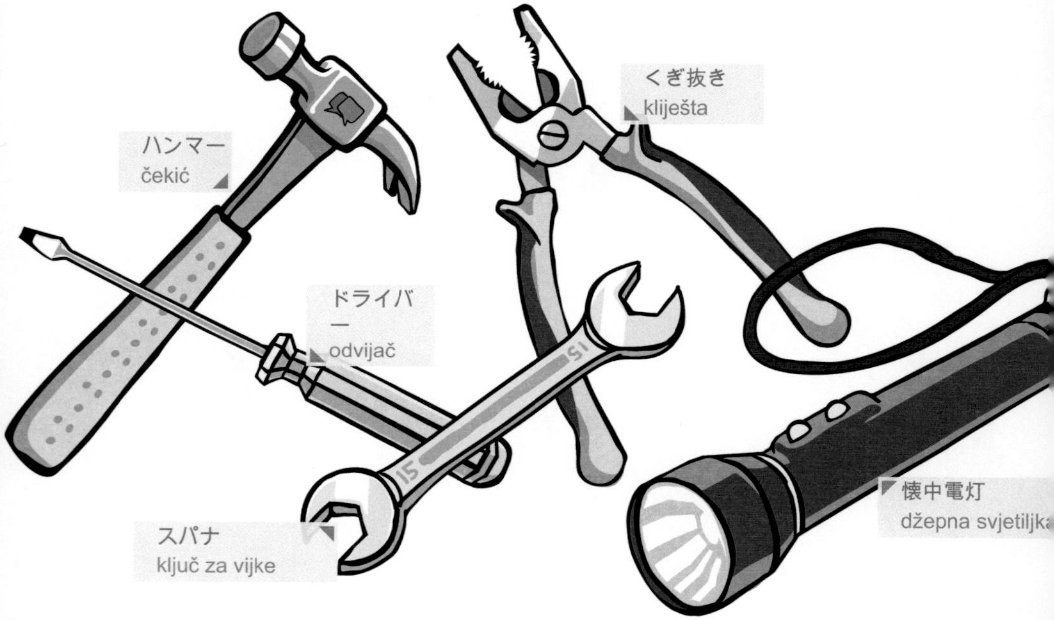

ハンマー
čekić
くぎ抜き
kliješta
ドライバー
odvijač
スパナ
ključ za vijke
懐中電灯
džepna svjetiljka

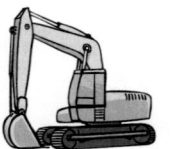

掘削機
rovokopač

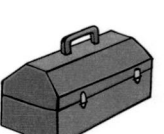

道具箱
kutija za alat

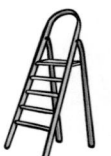

はしご
ljestve

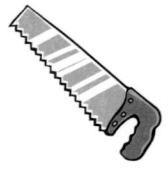

のこぎり
pila

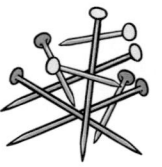

釘
ekser

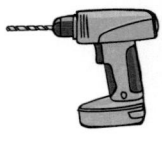

ドリル
bušilica

修理する
popraviti

シャベル
lopata

クソ！
Sranje!

ちりとり
lopatica

ペンキ缶
lonac za boju

ネジ
vijci

楽器
glazbeni instrument

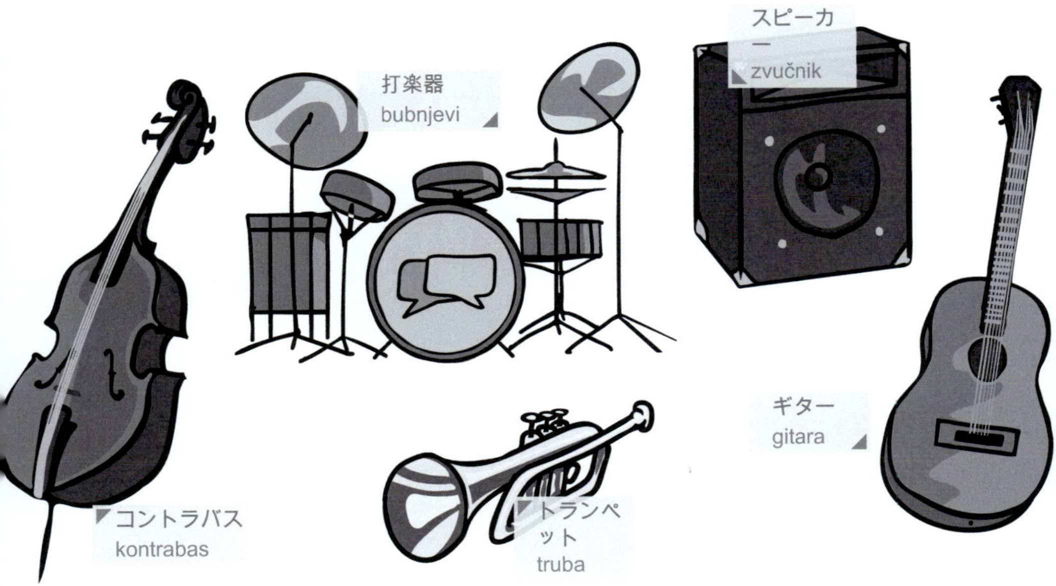

スピーカー
zvučnik

打楽器
bubnjevi

ギター
gitara

コントラバス
kontrabas

トランペット
truba

ピアノ

klavir

バイオリン

violina

バス

bas

ティンパニ

timpani

ドラム

udaraljke za bubnjeve

キーボード

keyboard

サックス

saksofon

フルート

flauta

マイクロフォン

mikrofon

動物園

zoološki vrt

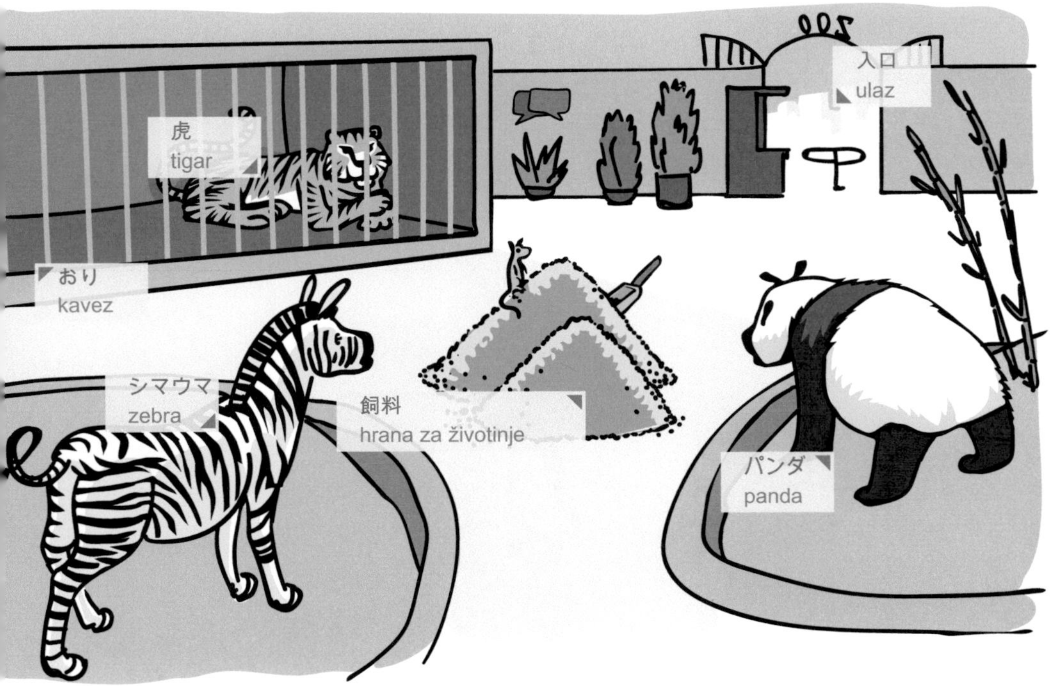

入口
ulaz
虎
tigar
おり
kavez
シマウマ
zebra
飼料
hrana za životinje
パンダ
panda

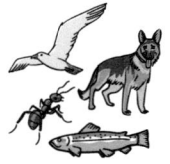

動物

životinje

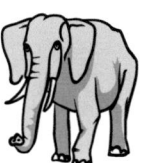

象

slon

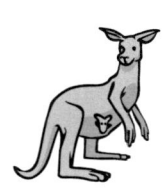

カンガルー

kengur

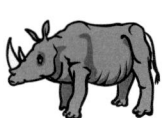

サイ

nosorog

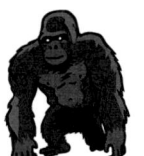

ゴリラ

gorila

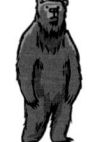

熊

medvjed

ラクダ

kamila

ダチョウ

noj

ライオン

lav

猿

majmun

フラミンゴ

flamingo

オウム

papagaj

白クマ

polarni medvjed

ペンギン

pingvin

サメ

ajkula

クジャク

paun

蛇

zmija

ワニ

krokodil

飼育係

čuvar u zoološkom vrtu

アザラシ

tuljan

ジャガー

jaguar

動物園 - zoološki vrt

ポニー

poni

ヒョウ

leopard

カバ

nilski konj

キリン

žirafa

鷲

orao

雄豚

divlja svinja

魚

riba

亀

kornjača

セイウチ

morž

狐

lisica

ガゼル

gazela

アメフト
americki nogomet

サイクリング
biciklizam

テニス
tenis

バスケット
ボール
košarka

水泳
plivanje

ボクシン
グ
boks

アイスホッケー
hockey na ledu

サッカー
nogomet

バドミントン
badminton

陸上競技
atletika

ハンドボール
rukomet

スキー
skijanje

ポロ
polo

跳ぶ
skočiti

抱きしめる
zagrliti

笑う
smijati se

歩く
ići

歌う
pjevati

夢見る
sanjati

祈る
moliti se

キス
poljubiti

書く
pisati

描く
crtati

示す
pokazati

押す
gurati

与える
dati

取る
uzeti

持っている

imati

する

činiti

ある

biti

立つ

stojati

走る

trčati

引く

povlačiti

投げる

baciti

落ちる

padati

横たわっている

ležati

待つ

čekati

運ぶ

nositi

座る

sjediti

着る

oblačiti

眠る

spavati

目が覚める

probuditi se

見る

gledati

泣く

plakati

なでる

milovati

櫛ですく

češljati

話す

govoriti

理解する

razumjeti

質問する

pitati

聞く

slušati

飲む

piti

食べる

jesti

片づける

pospremiti

愛する

voljeti

料理する

kuhati

運転する

voziti

飛ぶ

letjeti

ヨットに乗る

ploviti

計算する

računati

読む

čitati

学ぶ

učiti

働く

raditi

結婚する

vjenčati se

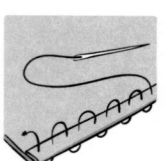

縫う

šiti

歯を磨く

prati zube

殺す

ubiti

喫煙する

pušiti

送る

poslati

家族
obitelj

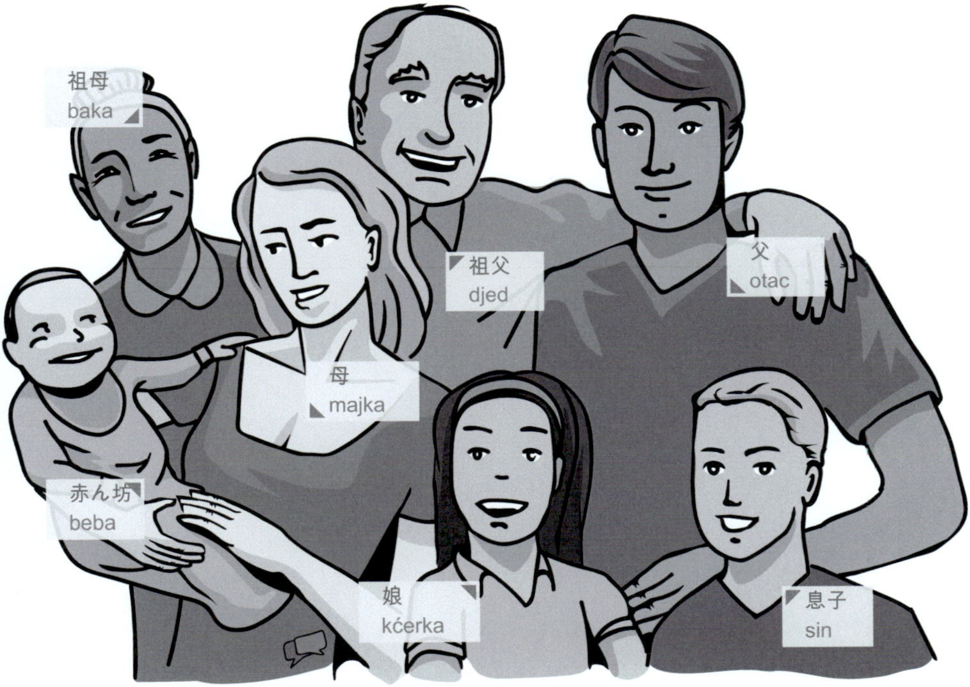

祖母
baka
祖父
djed
父
otac
母
majka
赤ん坊
beba
娘
kćerka
息子
sin

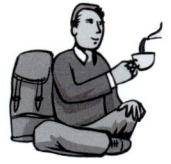

お客様

gost

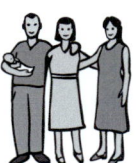

おば

tetka

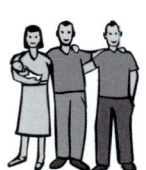

おじ

ujak, stric

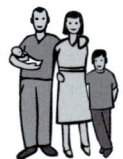

兄弟

brat

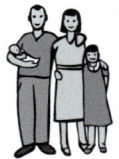

姉妹

sestra

体

tijelo

ひたい
čelo
目
oko
肩
rame
指
prst
顔
lice
あご
brada
手
ruka
脚
noga
胸
grudi
腕
ruka

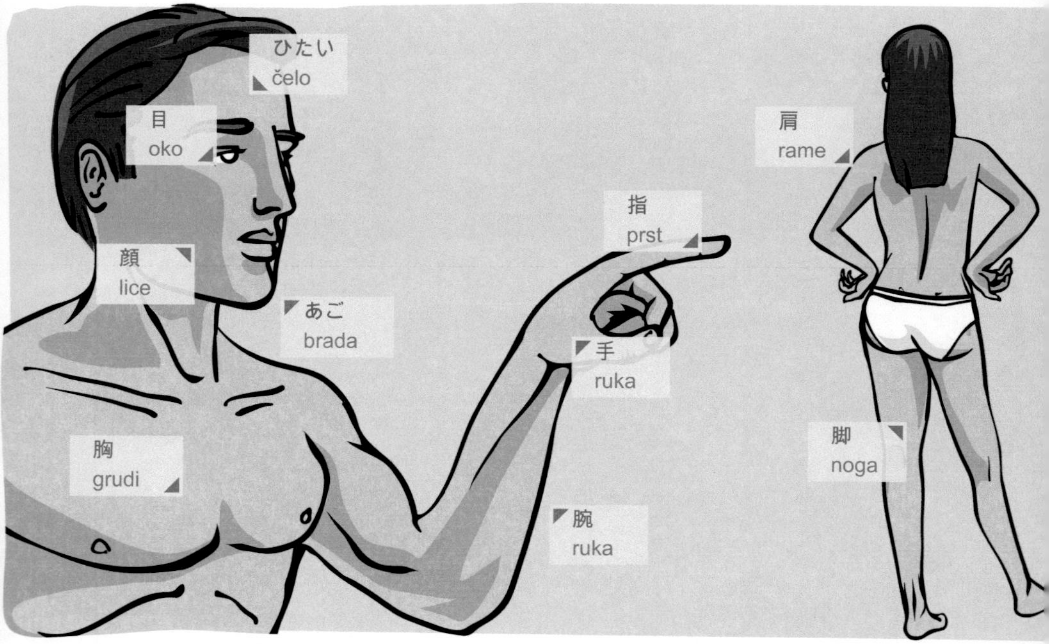

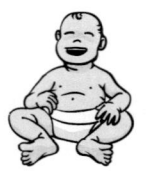

赤ん坊

beba

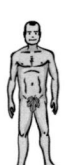

男性

muškarac

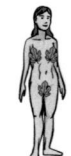

女性

žena

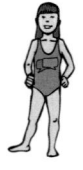

少女

djevojčica

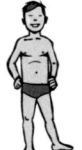

少年

dječak

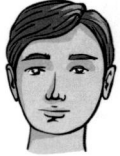

頭

glava

背中

leđa

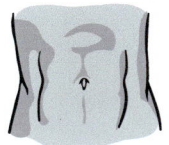

腹

trbuh

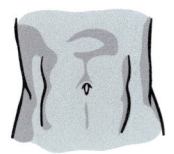

へそ

pupak

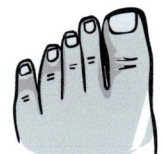

足指

nožni prst

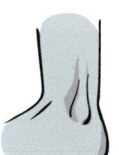

かかと

peta

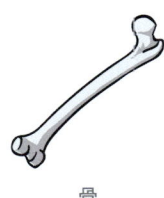

骨

kost

腰

kuk

ひざ

koljeno

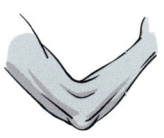

ひじ

lakat

鼻

nos

尻

stražnjica

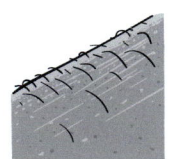

皮膚

koža

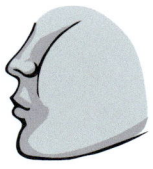

頬

obraz

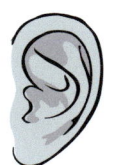

耳

uho

唇

usna

体 - tijelo

口

usta

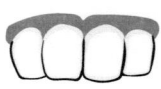

歯

zub

舌

jezik

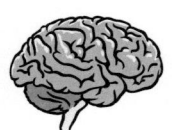

脳

mozak

心臓

srce

筋肉

mišić

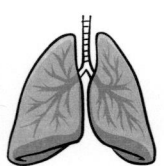

肺

pluća

肝臓

jetra

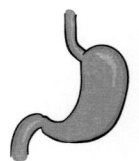

胃

želudac

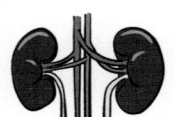

腎臓

bubrezi

セックス

snošaj

コンドーム

kondom

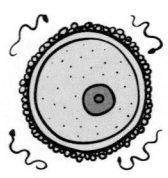

卵細胞

jajna stanica

精液

sperma

妊娠

trudnoća

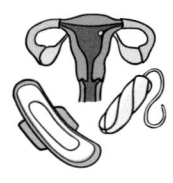

月経

menstruacija

膣

vagina

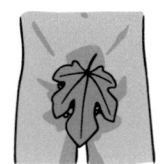

ペニス

penis

眉

obrva

髪

kosa

首

vrat

病院

bolnica

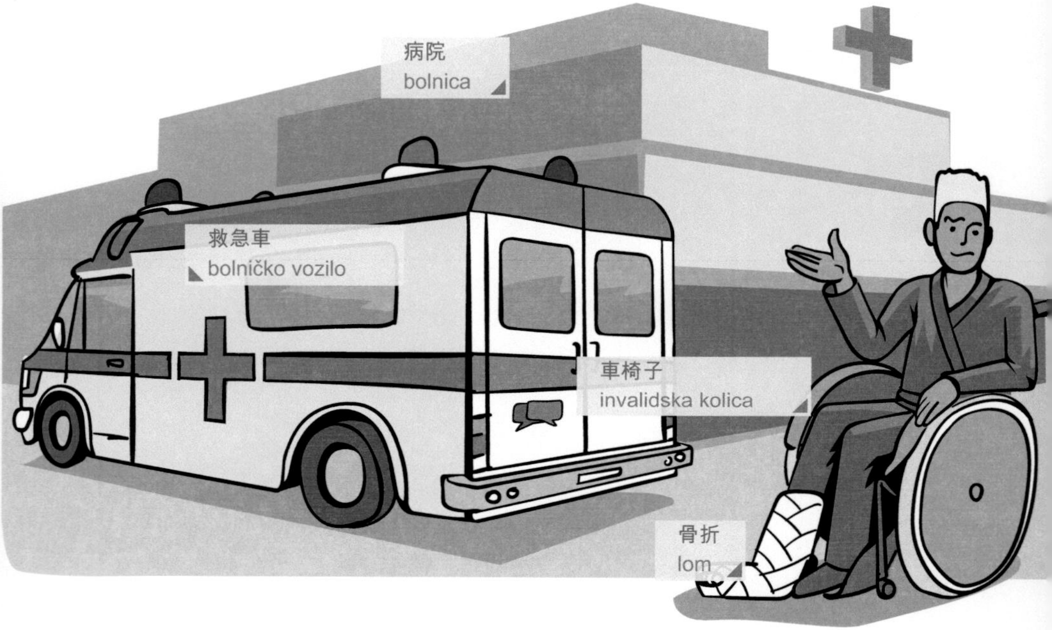

病院
bolnica
救急車
bolničko vozilo
車椅子
invalidska kolica
骨折
lom

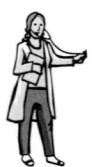

医師

liječnik

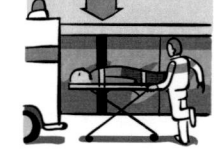

救急治療室

hitna medicinska služba

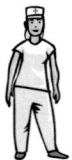

看護師

medicinska sestra

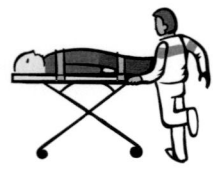

救急

hitni slučaj

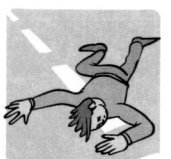

失神

nesvijest

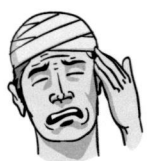

痛み

bol

けが

ozljeda

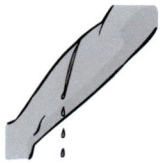

出血

krvarenje

心臓発作

srćani infarkt

脳卒中

moždani udar

アレルギー

alergija

咳

kašalj

熱

groznica

インフルエンザ

gripa

下痢

proljev

頭痛

glavobolja

癌

rak

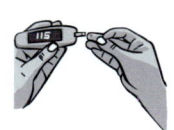

糖尿病

dijabetes

外科医

kirurg

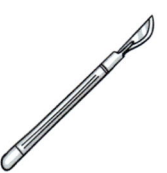

外科用メス

skalpel

手術

operacija

病院 - bolnica

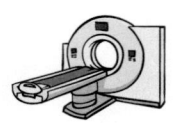

CT

ct

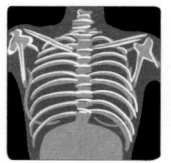

レントゲン

rentgen

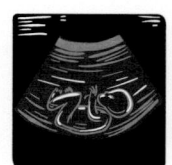

超音波

ultrazvuk

マスク

maska

病気

bolest

待合室

čekaonica

松葉づえ

štaka

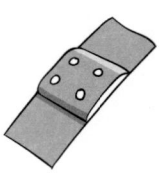

ばんそうこう

flaster

包帯

zavoj

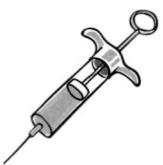

注射

injekcija

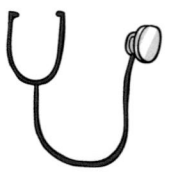

聴診器

stetoskop

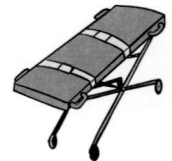

担架

nosilo

体温計

termometar

出産

rođenje

肥満

prekomjerna težina

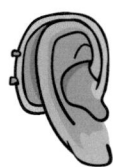

補聴器

slušni aparat

消毒剤

sredstvo za dezinfekciju

感染

infekcija

ウイルス

virus

HIV / エイズ

hiv / sida

内服薬

medicina

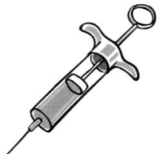

予防接種

vakcinacija

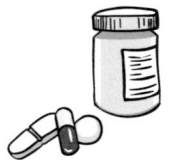

錠剤

tablete

ピル

pilula

緊急電話

poziv u pomoć

血圧計

uređaj za mjerenje tlaka

病気の　/　健康な

bolesno / zdravo

助けて！

pomoć!

アラーム

alarm

暴行

nasrtaj

攻撃

napad

危険

opasnost

非常口

izlaz za nuždu

火事だ！

požar!

消火器

vatrogasni aparat

事故

nezgoda

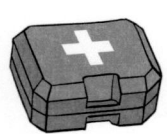

救急箱

kofer prve pomoći

SOS

sos

警察

policija

ヨーロッパ

Europa

北米

sjeverna amerika

南米

južna amerika

アフリカ

Afrika

アジア

Azija

オーストラリア

Australija

大西洋

Atlantik

太平洋

Pacifik

インド洋

ocean

南極海

antarktički ocean

北極海

arktički ocean

北極

sjeverni pol

南極

južni pol

南極大陸

Antarktik

地球

zemlja

陸

zemlja

海

more

島

otok

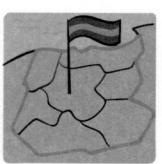

国家

nacija

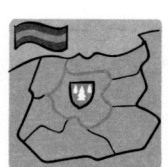

国家

država

文字盤

brojčanik sata

短針

satna kazaljka

長針

minutna kazaljka

秒針

sekundna kazaljka

何時ですか？

Koliko je sati?

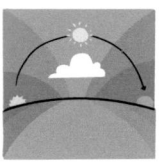

日

dan

時間

vrijeme

現在

sada

デジタル時計

digitalni sat

分

minuta

時間

sat

月曜 ponedjeljak

火曜 utorak

水曜 srijeda

木曜 četvrtak

土曜 subota

金曜 petak

日曜 nedjelja

昨日
jučer

今日
danas

明日
sutra

朝
jutro

昼
podne

夜
večer

営業日
radni dani

週末
vikend

雨
kiša

虹
duga

風
vjetar

雪
snijeg

春
proljeće

秋
jesen

夏
ljeto

冬
zima

天気予報

meteorološka prognoza

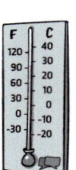

温度計

termometar

日差し

sunčana svjetlost

雲

oblak

霧

magla

湿度

vlažnost zraka

雷

munja

雷

grmljavina

嵐

oluja

ひょう

tuča

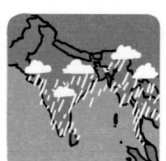

季節風

monsun

洪水

poplava

氷

led

1月

siječanj

2月

veljača

3月

ožujak

4月

travanj

5月

svibanj

6月

lipanj

7月

srpanj

8月

kolovoz

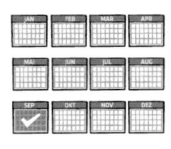

9月
....
rujan

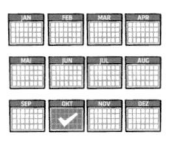

10月
....
listopad

11月
....
studeni

12月
....
prosinac

形

oblici

円
....
krug

正方形
....
kvadrat

長方形
....
pravokutnik

三角
....
trokut

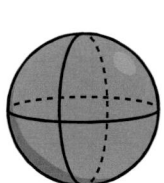

球
....
kugla

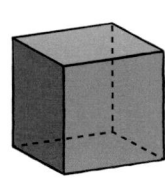

立方体
....
kocka

boje

白

bijela

黄

žuta

オレンジ

narančasta

ピンク

ružičasta

赤

crvena

紫

ljubičasta

青

plava

緑

zelena

茶

smeđa

灰色

siva

黒

crna

多い ／ 少ない

mnogo / malo

怒っている /
落ち着いている

ljutito / mirno

美しい ／ 醜い

lijepo / ružno

初め ／ 終わり

početak / kraj

大きい ／ 小さい

veliko / maleno

明るい ／ 暗い

svijetlo / tamno

兄弟 ／ 姉妹

brat / sestra

清潔な / 汚い

čisto / prljavo

完全な ／ 不完全な

potpuno / nepotpuno

日中 ／ 夜

dan / noć

死んだ ／ 生きている

mrtvo / živo

幅広い ／ 狭い

široko / usko

食べられる /
食べられない
jestivo / nejestivo

悪意のある / 親切な
zlo / dobro

興奮している /
退屈している
uzbuđeno / dosadno

太った / 痩せた
debelo / mršavo

最初に / 最後に
na početku / na kraju

友人 / 敵
prijatelj / neprijatelj

いっぱいの / 空の
puno / prazno

硬い / 柔らかい
tvrdo / mekano

重い / 軽い
teško / lagano

空腹 / 喉の渇き
glad / žeđ

病気の / 健康な
bolesno / zdravo

違法な / 合法な
ilegalno / legalno

賢い / 愚かな
pametno / glupo

左に / 右に
lijevo / desno

近い / 遠い
blizu / daleko

新しい / 中古の

novo / rabljeno

何もない / 何かある

ništa / nešto

老いた / 若い

staro / mlado

オン / オフ

uključeno / isključeno

開いている /
閉まっている

otvoreno / zatvoreno

静かな / うるさい

tiho / glasno

裕福な / 貧乏な

bogato / siromašno

正しい / 間違っている

točno / pogrešno

粗い / なめらか

hrapavo / glatko

悲しい / 幸せな

tužno / sretno

短い / 長い

kratko / dugo

ゆっくり / 速い

polako / brzo

濡れた / 乾いた

mokro / suho

温かい / 冷たい

toplo / hladno

戦争 / 平和

rat / mir

反対 - suprotnosti

数

brojevi

0

ゼロ
nula

1

1
jedan

2

2
dva

3

3
tri

4

4
četiri

5

5
pet

6

6
šest

7

7
sedam

8

8
osam

9

9
devet

10

10
deset

11

11
jedanaest

数 - brojevi

12	**13**	**14**
12	13	14
dvanaest	trinaest	četrnaest

15	**16**	**17**
15	16	17
petnaest	šestnaest	sedamnaest

18	**19**	**20**
18	19	20
osamnaest	devetnaest	dvadeset

100	**1.000**	**1.000.000**
100	1000	100万
stotinu	tisuću	milijun

英語

engleski

アメリカ英語

američko engleski

中国標準語

kinesko mandarinski

ヒンディー語

hindi

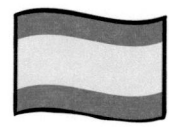

スペイン語

španjolski

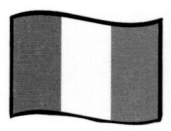

フランス語

francuski

アラビア語

arapski

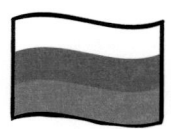

ロシア語

ruski

ポルトガル語

portugalski

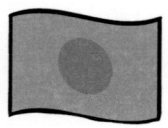

ベンガル語

bengalski

ドイツ語

njemački

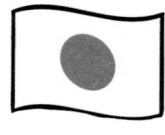

日本語

japanski

私
ja

あなた
ti

彼 / 彼女 / それ
on / ona / ono

私たち
mi

あなたたち
vi

彼ら
oni

誰？
tko?

何？
što?

どうやって？
kako?

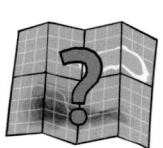

どこ？
gdje?

いつ？
kada?

名前
ime

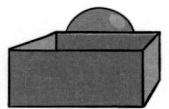

後ろ

iza

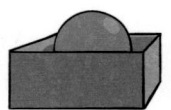

中

u

前

ispred

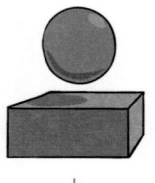

上

preko

上

na

下

ispod

横

pored

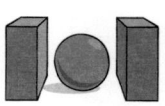

間

između

場所

mjesto